BEI GRIN MACHT SICH IHR WISSEN BEZAHLT

- Wir veröffentlichen Ihre Hausarbeit, Bachelor- und Masterarbeit
- Ihr eigenes eBook und Buch - weltweit in allen wichtigen Shops
- Verdienen Sie an jedem Verkauf

Jetzt bei www.GRIN.com hochladen und kostenlos publizieren

Anna Kaspar

Bedingungsloses Grundeinkommen. Eine Chance für die deutsche Gesellschaft?

GRIN Verlag

Bibliografische Information der Deutschen Nationalbibliothek:

Die Deutsche Bibliothek verzeichnet diese Publikation in der Deutschen Nationalbibliografie; detaillierte bibliografische Daten sind im Internet über http://dnb.d-nb.de/ abrufbar.

Dieses Werk sowie alle darin enthaltenen einzelnen Beiträge und Abbildungen sind urheberrechtlich geschützt. Jede Verwertung, die nicht ausdrücklich vom Urheberrechtsschutz zugelassen ist, bedarf der vorherigen Zustimmung des Verlages. Das gilt insbesondere für Vervielfältigungen, Bearbeitungen, Übersetzungen, Mikroverfilmungen, Auswertungen durch Datenbanken und für die Einspeicherung und Verarbeitung in elektronische Systeme. Alle Rechte, auch die des auszugsweisen Nachdrucks, der fotomechanischen Wiedergabe (einschließlich Mikrokopie) sowie der Auswertung durch Datenbanken oder ähnliche Einrichtungen, vorbehalten.

Impressum:

Copyright © 2013 GRIN Verlag GmbH
Druck und Bindung: Books on Demand GmbH, Norderstedt Germany
ISBN: 978-3-656-44643-9

Dieses Buch bei GRIN:

http://www.grin.com/de/e-book/229571/bedingungsloses-grundeinkommen-eine-chance-fuer-die-deutsche-gesellschaft

GRIN - Your knowledge has value

Der GRIN Verlag publiziert seit 1998 wissenschaftliche Arbeiten von Studenten, Hochschullehrern und anderen Akademikern als eBook und gedrucktes Buch. Die Verlagswebsite www.grin.com ist die ideale Plattform zur Veröffentlichung von Hausarbeiten, Abschlussarbeiten, wissenschaftlichen Aufsätzen, Dissertationen und Fachbüchern.

Besuchen Sie uns im Internet:

http://www.grin.com/

http://www.facebook.com/grincom

http://www.twitter.com/grin_com

IGS Roderbruch
Politik Leistungskurs

Semester: 12/2

Bedingungsloses Grundeinkommen
Eine Chance für die deutsche Gesellschaft?

Angefertigt von
Anna Alena Kaspar

Hannover, den 15. März 2013

Inhaltsverzeichnis

		Seite
1.	Abkürzungsverzeichnis	2
2.	Einleitung	3
3.	Begriffliche Definition	4
	3.1. Bedingungsloses Grundeinkommen	4
	3.2. Arbeit	4
4.	Bedingungsloses Grundeinkommen	5
	4.1. Historische Entwicklung der Idee	6
	4.2. Konzepte/Modelle	7
	4.3. Negative Einkommenssteuer nach Milton Friedman	8
5.	Hervorgehobenes Konzept nach Götz W. Werner	9
	5.1. Zur Person Götz W. Werners	9
	5.2. Philosophischer Ansatz und das dahinterstehende Menschenbild	9
	5.3. Finanzierung	13
6.	Fazit	13
7.	Quellenverzeichnis	15

Abkürzungsverzeichnis

BGE   Bedingungsloses Grundeinkommen
nE   negative Einkommenssteuer
ALG II   Arbeitslosengeld II

Anmerkung: In dem vorliegenden Text wird lediglich und ausschließlich aus Gründen des besseren Leseflusses häufig nur die männliche Form verwendet. Selbstverständlich sind dabei immer beide Geschlechter angesprochen.

1. Einleitung

„Die Würde des Menschen ist unantastbar"[1]. Dies ist Artikel 1 im deutschen Grundgesetz. Die derzeitige Strukturierung der sozialen Grundsicherung lässt Zweifel aufkommen, ob dies wirklich der Fall ist. Immer mehr Menschen wechseln aus Existenzangst ihren Wohnort, um woanders einen Job zu bekommen. Viele kämpfen seit Jahren mit der Verunsicherung in befristeten Beschäftigungsverhältnissen. Einige verzichten sogar auf weitere Kinder, da sich dies als zu große finanzielle und psychische Belastung niederschlagen würde. Im Rahmen meiner Hausarbeit, die ich über *„Inwiefern beeinflusst unsere Ernährung die Umwelt?"* schrieb, wurde mein Bewusstsein für viele derzeitige Missstände größer. Mein Wunsch nach sozialer Gerechtigkeit, Freiheit, Verantwortung und Nachhaltigkeit wurde immer stärker. Wie wollen wir unser Zusammenleben auf der Erde gestalten? Was ist uns als Gesellschaft wichtig?

Das erste Mal gehört habe ich von der Idee des Bedingungslosen Grundeinkommens (BGE) im Zusammenhang mit den hohen Verwaltungskosten, die durch staatliche Transferleistungen entstehen würden. Diese Gelder könne man einsparen und dafür jedem Menschen ein BGE auszahlen. Klingt erst einmal plausibel. Doch was steckt hinter der Idee? Ich beschäftigte mich näher mit dieser Frage. Ich erfuhr von Götz Werner, dem Gründer der Drogerie-Kette *dm*. Dieser ist einer der populärsten Befürworter des BGEs. Ich stieß per Zufall auf eine Veranstaltung in Hannover. Im Pavillon hält Götz Werner im Mai 2012 einen Vortrag mit dem Titel „1000 Euro für jeden – Freiheit, Gleichheit, Grundeinkommen" halten. Ich hoffte, dass mir diese Veranstaltung vielleicht Antworten auf meine Fragen geben würde. Bei dem Vortrag wurde mir sehr schnell bewusst, dass Götz Werner auf eine ganz andere Art und Weise *denkt* als ich. Dass er ein anderes Verständnis von Begriffen wie „Arbeit" oder „Geld" hat. Seine Argumentation für ein BGE klingt plausibel und einleuchtend, doch wird auf die Finanzierung der Idee im Rahmen des Vortrags kaum eingegangen. Es geht anfänglich um das Menschenbild, um die Philosophie dieser Idee. Dies soll auch in der vorliegenden Facharbeit der Fall sein. Ich möchte verstärkt einen sozialpolitischen Ansatz als einen wirtschaftlichen verfolgen. Zunächst werden die Begriffe „Bedingungsloses Grundeinkommen" und „Arbeit" definiert. Danach stelle ich die Idee des BGEs sowohl historisch, als auch aktuell dar. Das BGE Modell von Götz W. Werner wird intensiver behandelt und abschließend soll durch das Fazit auf die Antwort meiner Leitfrage „BGE – *Eine Chance für die deutsche Gesellschaft?*" hingeleitet werden.

---

[1] Grundgesetz Artikel 1, 2012, http://www.bundestag.de/bundestag/aufgaben/rechtsgrundlagen/grundgesetz/gg_01.html (Stand: 14.03.13)

2. Begriffliche Definition

Auf Grundlage der folgenden Definition von „Bedingungsloses Grundeinkommen" und „Arbeit" ist diese Facharbeit gestaltet. Alle Annahmen und Denkansätze beziehen sich ausschließlich auf sie.

2.1. Bedingungsloses Grundeinkommen

Das BGE ist ein Betrag, der an jeden Bürger eines Staates ausbezahlt wird, ohne dass von ihm eine Gegenleistung dafür erwartet wird[2]. Dieser Betrag wird ohne Bedürftigkeitsprüfung oder sonstigen Antrag ausgezahlt, er ist auch nicht an eine Arbeitsbereitschaft gekoppelt, er ist also *bedingungslos*. Die Höhe des Betrages (oder des Grundeinkommens) soll existenzsichernd sein, das heißt, dass bescheiden, aber menschenwürdig davon gelebt werden kann[3]. Das internationale Netzwerk BIEN legt noch ein weiteres Kriterium für das BGE fest: Es muss einen individuellen Rechtsanspruch begründen[4]. Das heißt, „dass jeder und jede (...) frei über sein oder ihr Grundeinkommen verfügen (soll), unabhängig davon, mit wem er oder sie das Leben teilt."[5] Heute wird Einkommen je nach Familienstand (ledig oder verheiratet) unterschiedlich besteuert. Auch wenn Sozialleistungen bezogen werden müssen, macht es einen Unterschied, ob Mann und Frau z.B. eine Liebesbeziehung führen oder in einer Wohngemeinschaft wohnen. Dies soll beim BGE **nicht** der Fall sein[6].

Das BGE steht im Gegensatz zur heutigen staatlich organisierten Grundversorgung, wie z.B. dem Arbeitslosengeld II (ALG II). Diese ist an eine Bedürftigkeitsprüfung gekoppelt und somit nur für einen bestimmten Teil der Gesellschaft zugänglich.

Die Idee des BGEs und die dahinterstehende Philosophie wird im hervorgehobenen Modell nach Götz W. Werner thematisiert.

2.2. Arbeit

Für das Wort „Arbeit" gibt es viele Definitionen, im Duden findet man unter anderem folgende: a) Ausführung eines Auftrages, b) das Arbeiten, Schaffen, Tätigsein mit etw./jdm. oder für jdn., c) Mühe, Anstrengung; Beschwerlichkeit, Plage, d) Berufsausübung, Erwerbstätigkeit; Arbeitsplatz etc. pp.[7]. Bei Wikipedia findet man ebenfalls mehrere Definitionen. Für diese Facharbeit relevant sind die folgenden: a) die Arbeit im

---
[2] vgl. Initiative Grundeinkommen Foehr 2011, http://www.initiative-grundeinkommen-foehr.de/definition.html (Stand: 08.03.13)
[3] vgl. Rätz/Krampertz, 2011, S. 11 & Werner, 2012, http://www.youtube.com/watch?v=lPnCMdn3SVc (Stand: 08.03.13)
[4] Werner/Goeher, 2010, S. 37f
[5] Werner/Goehler, 2010, S. 40
[6] Werner/Goehler, 2010, S. 39f
[7] vgl. Duden, 2013, http://www.duden.de/rechtschreibung/Arbeit (Stand: 08.03.13)

philosophischen Sinne, b) die Arbeit im volkswirtschaftlichen Sinne, c) die Erwerbstätigkeit und d) die Lohnarbeit.

Die Lohnarbeit bezeichnet die Arbeit für oder gegen Lohn. Die Erwerbstätigkeit ist die Tätigkeit, mit deren Hilfe der menschliche Lebensunterhalt bestritten werden kann[8].

Die Arbeit im volkswirtschaftlichen Sinne bezeichnet ebenfalls die menschliche Tätigkeit zum Zwecke der Einkommenserzielung (Lohnarbeit/Erwerbstätigkeit), es kann aber auch eine menschliche Tätigkeit sein, die auf die Befriedigung der Bedürfnisse anderer Personen gerichtet ist. Im volkswirtschaftlichen Sinne ist Arbeit, die **nicht** für Lohn verrichtet wird (z.B. die kostenlos erbrachte Arbeit von Hausfrauen/-männern oder die gemeinnützige, ehrenamtliche Arbeit), **keine** Arbeit. Der Begriff ist also auf die Erwerbsarbeit reduziert[9].

Die Arbeit im philosophischen Sinne erfasst „alle Prozesse der bewussten schöpferischen Auseinandersetzung des Menschen mit der Natur und/oder der Gesellschaft. Sinngeber dieser Prozesse ist immer der eigenverantwortlich handelnde Mensch mit individuellen Bedürfnissen, Fähigkeiten und Anschauungen im Rahmen der aktuellen Naturgegebenheiten und gesellschaftlichen Arbeitsbedingungen."[10]

Götz W. Werner greift letztere Definition in seinem BGE-Modell auf, die aber auch oft die Grundlage für andere BGE-Modelle ist. Arbeit wird also nicht auf die Erwerbstätigkeit reduziert, sondern umfasst auch andere Tätigkeiten (wie z.B. das Ehrenamt).

3. Bedingungsloses Grundeinkommen

Die Idee eines Grundeinkommens lässt sich bis ins sechste Jahrhundert vor Christus zurückverfolgen[11]. Heute gewinnt die Idee wieder verstärkt an Aktualität. Es gibt verschiedene Modelle und Konzepte zur Finanzierung, die von den unterschiedlichsten Menschen entwickelt wurden. Das Modell der negativen Einkommenssteuer (nE) ist oft Teilkonzept dieser BGE-Modelle, weshalb es in dieser Arbeit einen separaten Platz bekommt (siehe 3.3.). Im Folgenden soll nun kurz die historische Entwicklung der Idee zusammengefasst werden und danach sollen die drei populärsten Konzepte inklusive der nE angerissen werden. Das Konzept Götz W. Werners wird gesondert behandelt (siehe 4.).

---

[8] vgl. Wikipedia, 2013, http://de.wikipedia.org/wiki/Arbeit (Stand: 08.03.13)
[9] vgl. Wikipedia, 2012, http://de.wikipedia.org/wiki/Arbeit_(Volkswirtschaftslehre) (Stand: 08.03.13)
[10] Wikipedia, 2013, http://de.wikipedia.org/wiki/Arbeit_(Philosophie) (Stand: 08.03.13)
[11] vgl. Werner/Goehler, 2010, S. 21

3.1. Historische Entwicklung der Idee

In der Verfassung Spartas im sechsten Jahrhundert vor Christus gibt es erstmal eine Trennung von Arbeit und Einkommen. Jedem „Vollbürger" (keine Frauen und Sklaven) wurden lebensnotwendige Güter, unabhängig von Arbeitsleistung und Bedürftigkeit, garantiert[12].

Thomas Morus (englischer Staatsmann und humanistischer Autor[13]) thematisierte sehr viel später, nämlich in der frühen Neuzeit, die Idee eines Grundeinkommens in seinem Roman „Utopia" (1516). Um Diebstahl vorzubeugen, wird anstatt der Bestrafung von Dieben die Zahlung eines Lebensunterhalts für jeden Menschen vorgeschlagen.

Thomas Paine (politischer Intellektueller und einer der Gründerväter der Vereinigten Staaten[14]) formulierte, wieder rund zweihundert Jahre später, in „Agrarische Gerechtigkeit" (1796) die Annahme, dass jeder Mensch ein natürliches Recht auf Grund und Boden habe. So soll jeder, der Boden „besitzt", eine Bodenpacht zahlen, die in einen Fonds fließt. Aus diesem Fonds soll jeder Bürgerin und jedem Bürger eine Summe ausgezahlt werden, die als Entschädigung für den Verlust des natürlichen Erbes verstanden wird.

Joseph Charlier (belgischer Schriftsteller, Jurist, Kaufmann und Buchhalter[15]) veröffentlichte 1848 eine Überlegung, die an Paine anknüpft: Der Staat solle jedem Menschen ein Grundeinkommen („Minimum") auszahlen. Das Geld stamme (wie bei Paine) aus den Abgaben, die bei Erwerb/Nutzung von natürlichen Ressourcen fällig würden. Dieses Programm würde die „Herrschaft von Kapital über Arbeit beenden". Der Staat sei jedoch nicht verpflichtet, darüber hinaus für Lebenshaltungskosten aufzukommen. Lediglich die gerechte Aufteilung von Grund und Boden, wie auch die von natürlichen Ressourcen, die jedem von Natur aus zustehe, müsse gesichert sein[16].

In den 1920er-Jahren wurde die Idee eines BGEs in Australien, Großbritannien, Kanada und Neuseeland populär. Erich Fromm (deutsch-amerikanischer Psychoanalytiker, Philosoph und Sozialpsychologe[17]) plädierte 1955 für ein Existenzminimum mit der Begründung, dass eine Arbeit, die jemandem nicht entspräche, abgelehnt werde können müsse, ohne Hunger oder sonstige Nöte leiden zu müssen.

Martin Luther King war einer der prominentesten Befürworter für ein BGE[18]: „Ich bin heute davon überzeugt, dass der einfachste Ansatz sich als der effektivste erweisen wird

---

[12] vgl. Werner/Goehler, 2010, S. 21
[13] vgl. Wikipedia, 2013, http://de.wikipedia.org/wiki/Thomas_Morus (Stand: 10.03.13)
[14] vgl. Wikipedia, 2013, http://de.wikipedia.org/wiki/Thomas_Paine (Stand: 10.03.13)
[15] vgl. Wikipedia, 2011, http://de.wikipedia.org/wiki/Joseph_Charlier (Stand: 10.03.13)
[16] vgl. Werner/Goehler, 2010, S. 21f
[17] Unternimm die Zukunft, Unbekannt, http://www.unternimm-die-zukunft.de/de/zum-grundeinkommen/leporello/ (Stand: 12.03.13)
[18] vgl. Wikipedia, 2013, http://de.wikipedia.org/wiki/Bedingungsloses_Grundeinkommen#20._Jahrhundert (Stand: 08.03.13)

– die Behebung der Armut durch ihre direkte Beseitigung mittels einer heute breit diskutieren Maßnahme: dem garantierten Einkommen."[19]

Es wurden weltweit zahlreiche Kommissionen eingerichtet, die sich näher mit der Idee und ihrer Umsetzungsmöglichkeit befassen sollten. Außerdem starteten verschiedene Pilotprojekte, die Erfolg verzeichnen konnten (Kommission in USA unter Präsident Johnson, Mincome-Experiment in Kanada etc.)[20].

3.2. Konzepte/Modelle

Wie schon in Kapitel 3.1. erwähnt, gibt es heute unzählige Modellvorschläge, wie ein BGE realisiert werden könnte. Mittlerweile gibt es fast von jeder Partei einen Vorschlag, jedoch beinhalten nicht alle Konzepte ein wirklich *bedingungsloses* Grundeinkommen. Das von der FDP propagierte „Liberale Bürgergeld" beispielsweise ist an Bedingungen geknüpft[21]. Bündnis 90/Die Grünen sowie auch die Grüne Jugend entwickelten „die grüne Grundsicherung". Auch die Partei DIE LINKE hat in der „Bundesarbeitsgemeinschaft Grundeinkommen" ein Modell entwickelt[22].

Das im Jahr 1996 an der Universität Ulm entstandene „Ulmer-Modell/Transfergrenzenmodell" von Helmut Pelzer ist eines der populärsten Konzepte, das eine aufkommensneutrale Grundsicherung in drei Schritten vorsieht: Zum Ersten soll das Bruttoeinkommen mit einem festen Abgabesatz besteuert werden (Steuerschuld), zum Zweiten bekommt jeder Bürger / jede Bürgerin einen gleichen Auszahlungsbetrag (Grundeinkommen) und zum Dritten greift die negative Einkommenssteuer (siehe 3.3.), indem Steuerschuld und Grundeinkommen gegeneinander aufgerechnet werden[23].

Das ebenfalls sehr bekannte Modell von Dieter Althaus (CDU) und Thomas Straubhaar „Solidarisches Bürgergeld" sieht einen „Systemwechsel in der Steuer- und Sozialpolitik vor"[24]. „Es beinhaltet die Einführung eines BGEs, eine Reform zur Einkommenssteuer, die Umgestaltung der Finanzierung der Sozialversicherung sowie die Zusammenführung der staatlichen Transferleistungen."[25]

---

[19] Luther King, Unbekannt, http://www.unternimm-die-zukunft.de/de/zum-grundeinkommen/leporello/ (Stand: 10.03.13)
[20] vgl. Wikipedia, 2013, http://de.wikipedia.org/wiki/Bedingungsloses_Grundeinkommen#Umsetzungsversuche (Stand: 08.03.13)
[21] vgl. Wikipedia, 2013, http://de.wikipedia.org/wiki/Bedingungsloses_Grundeinkommen (Stand: 10.03.13)
[22] vgl. Piratenpartei, Jahr unbekannt, https://forum.piratenpartei.de/viewtopic.php?f=152&t=12617 (Stand: 10.03.12)
[23] vgl. Wikipedia, 2013, http://de.wikipedia.org/wiki/Ulmer_Modell (Stand: 10.03.13)
[24] Wikipedia, 2013, http://de.wikipedia.org/wiki/Solidarisches_Bürgergeld (Stand: 10.03.13)
[25] Ebenda

3.3. Negative Einkommenssteuer nach Milton Friedman

Der amerikanische Ökonom und Wirtschaftsnobelpreisträger Milton Friedman (1912-2006)[26] griff die „Negative Einkommenssteuer", die in den 1940er-Jahren die britische Ökonomin Lady J. E. Rhys-Williams geprägt hatte, auf[27]. Diese ist ebenfalls ein Modell des BGEs und stellt somit z.b. eine Alternative zum Arbeitslosengeld II dar.

Für die Anwendung der nE in einem Steuersystem mit nur einem einzigen Steuersatz (Deutschland gehört nicht dazu) muss man nur zwei Parameter festlegen: den Grundfreibetrag und den Steuersatz[28]. Die Formel zur Berechnung der Steuerschuld ist dann diese: *Steuerschuld = Steuersatz * (Einkommen – Grundfreibetrag)*[29].

Die Auswirkung der nE soll an einem selbst gewählten Beispiel mit 50 % Steuersatz und einem Grundfreibetrag von 8000 Euro erläutert werden:

Das Einkommen einer Familie beträgt jährlich 8800 Euro, so müsste sie 400 Euro Steuern zahlen. (Steuerschuld = 50 %*(8800 € – 8000 €); Steuerschuld = 400 €).

Wenn eine Familie aber nur 8000 Euro verdiene, so wären keine Steuern zu zahlen. (Steuerschuld = 50 %*(8000 € – 8000 €); Steuerschuld = 0 €).

Wenn das Einkommen geringer als der Grundfreibetrag ist, kommt die nE zum Tragen: Eine andere Familie hat ein Einkommen von 6000 Euro. So würde sie 1000 Euro vom Staat als *negative Einkommenssteuer* erhalten. (Steuerschuld = 50 %*(6000 € – 8000 €); Steuerschuld = –1000 € → nE).

Wenn das Einkommen der Familie null Euro beträgt, so würde sie 4000 Euro erhalten. (Steuerschuld = 50 %*(0 € – 8000 €); Steuerschuld = – 4000 € → nE).[30]

Die Werte des Steuersatzes und des Grundfreibetrags können so gewählt werden, dass Einkommensschwache stärker oder schwächer profitieren. Zusätzlich fügte Friedman hinzu, dass der Grundfreibetrag je nach Einkommen gestaffelt werden könne, was das System zusätzlich sozialer gestalten würde[31].

Friedmans These war: Freie Märkten fördern eine freiheitlich orientierte Gesellschaft. Das BGE bildet dabei die Verhandlungsbasis über Arbeitsinhalte- und Bedingungen als Voraussetzung für die freiheitlich orientierte Gesellschaft. Bei dem Modell der nE würde der bürokratische Aufwand, der mit der Verteilung der Sozialleistungen entsteht, größtenteils wegfallen, da nun die nE automatisch einige Sozialleistungen ersetzt[32].

---

[26] vgl. Wikipedia, 2012, http://de.wikipedia.org/wiki/Milton_Friedman (Stand: 10.03.13)
[27] vgl. Werner/Goehler, 2010, S.28
[28] vgl. Wikipedia, 2013, http://de.wikipedia.org/wiki/Negative_Einkommensteuer (Stand: 10.03.13)
[29] Ebenda
[30] vgl. Werner/Goehler, 2010, S. 28f; vgl. Wikipedia, 2013, http://de.wikipedia.org/wiki/Negative_Einkommensteuer (Stand: 10.03.13)
[31] vgl. Wikipedia, 2013, http://de.wikipedia.org/wiki/Negative_Einkommensteuer (Stand: 10.03.13)
[32] vgl. Wikipedia, 2013, http://de.wikipedia.org/wiki/Negative_Einkommensteuer#Diskussion (Stand: 10.03.13)

4. Hervorgehobenes Konzept nach Götz W. Werner

Da ich schon einmal einen Vortrag von Prof. Götz W. Werner erlebte und es zu diesem Modell hinreichend Literatur und Filmmaterial gibt (anders als bei den bisher behandelten Inhalten, weshalb auch Wikipedia häufig Quelle ist), habe ich mich dazu entschieden, sein Konzept in dieser Facharbeit besonders zu betrachten. Es soll zentraler Schwerpunkt sein.

4.1. Zur Person Götz W. Werners

Professor Götz Wolfgang Werner ist 1944 in Heidelberg geboren[33], bekennender Anthroposoph und Gründer des Drogeriemarktes *dm*[34]. Im Jahre 2007 arbeiteten rund 23.000 Mitarbeiter/-innen in über 1600 Filialen, die 2005 einen Umsatz von ca. 3,3 Milliarden Euro erwirtschafteten[35]. Seine Firmenphilosophie ist eine besondere: „Veredelung des Bedarfs, das ist eine Säule in der Firmenphilosophie. Nicht überheblich gemeint, sondern eben so, dass man verkaufen möchte, was gut tut, was einen Beitrag leistet dafür, dass andere vorankommen." So definiert Werner auch die Rolle des Vorgesetzten: „Der ist da, damit die Mitarbeiter erfolgreich sein können. Nicht umgekehrt." Und der Herr Werner selbst? „Der Herr Werner ist der Herr Werner", sagt eine Filialmitarbeiterin. Soll heißen: mehr nicht, gleiche Augenhöhe[36]. Zum Grundeinkommen sagt Werner: „Das Grundeinkommen hat sich für mich als eine Notwendigkeit ergeben aus meinen betriebswirtschaftlichen Erfahrungen in der Übertragung auf die Volkswirtschaft."[37]

4.2. Philosophischer Ansatz und das dahinterstehende Menschenbild

Das Zeitalter der Industrialisierung bringt viele Vorteile mit sich: Deutschland ist reich wie nie zuvor[38]. Wer sich an die Telefongespräche in seiner Kindheit erinnert, dem werden Sätze wie: „Fasse dich kurz!" oder „Quatsch nicht so lange!" bekannt vorkommen. Diese Sätze heute auf einer Handyverpackung? Nicht mehr vorstellbar in Zeiten, wo es Telefonflatrates, Internetflatrates und Co. für wenig Geld gibt[39]. Seit einigen Jah-

---

[33] vgl. Werner, 2006, S. 4
[34] Ebenda
[35] vgl. Werner, 2007, Umschlag
[36] Unternimm die Zukunft, Unbekannt, http://www.unternimm-die-zukunft.de/de/goetz-werner/langer-text-goetz-w-werner/ (Stand: 11.03.13)
[37] Unternimm die Zukunft, Unbekannt, http://www.unternimm-die-zukunft.de/de/goetz-werner/ (Stand: 11.03.13)
[38] vgl. Werner, 2007, S. 17
[39] vgl. Werner, 2012, http://www.youtube.com/watch?v=lPnCMdn3SVc (Stand: 11.03.13)

ren wird eine horrende Anzahl von Gütern produziert und eine enorm hohe Zahl an Dienstleistungen erbracht. Doch wie kann es sein, dass es trotzdem noch Arbeitslosigkeit (im Sinne der Erwerbslosigkeit, vgl. 2.2.) gibt? Wieso leistet sich eine so reiche Gesellschaft Kinderarmut und Altersarmut? Nach Angaben des Statistischen Bundesamtes waren 2004 bereits 13 Prozent der Bevölkerung armutsgefährdet. Dies entsprach etwa 10,6 Millionen Menschen[40]! Der Fehler liege, so Werner, im System. „Wir brauchen eine grundsätzliche Neuorientierung unserer Steuer- und Finanzpolitik. Wir müssen wegkommen von einer überkommenen Form der Ertrags- und Einkommensbesteuerung, deren Wurzeln noch im Feudalismus liegen."[41]

Vor ca. 100 Jahren war die deutsche Gesellschaft eine Selbstversorgungsgesellschaft. „Um 1900 lebten in Deutschland noch über 40 Prozent der Bevölkerung in der Landwirtschaft. Heute sind es gerade noch etwas mehr als 1 Prozent aller Einwohner und knapp 2,2 Prozent der Beschäftigten."[42] „Arbeiten" hieß damals, Land zu bewirtschaften, von den Erträgen sich und seine Familie zu ernähren und Überschüsse zum Markt zu bringen[43].

Heute leben wir in einer Gesellschaft der totalen Fremdversorgung[44]. *„Niemand* ist mehr in der Lage, sich selbst zu versorgen, und *jeder* ist von den Leistungen anderer abhängig."[45] Götz Werner wählt folgendes Beispiel, um dies zu verdeutlichen: „Ziehen Sie einmal alle Klamotten aus, die nicht in Deutschland produziert wurden."[46] Hier wird schnell klar, was gemeint ist. Nun liegt es auf der Hand, dass auch der Mensch, der in Indien unsere Kleidung näht, ein Einkommen braucht, um leben zu können. Denn auch er ist ja auf die Leistungen wieder anderer Personen angewiesen und die bezahlt er, damit wiederum diese Personen die Leistungen wieder anderer Personen bezahlen können usw. „Konsumgesellschaft" heißt also nichts anderes, als dass wir die Leistung anderer *konsumieren,* und „Globalisierung, als dass die Welt für uns tätig ist."[47] So Götz Werner im Rahmen einer seiner Vorträge. Seine logische Schlussfolgerung daraus ist, dass der Mensch ohne Einkommen nicht leben kann. Denn ohne Einkommen könnte er keine Leistungen für andere Menschen erbringen, weil seine Existenz nicht gesichert wäre. Aber er könnte auch keine Leistungen anderer Menschen „erkaufen", auf die er aber angewiesen ist. Dieses Einkommen soll nun vom Staat garantiert werden, es soll bedin-

---

[40] vgl. Werner, 2007, S. 10f
[41] Werner, 2007, S. 10
[42] Werner, 2007, S. 47
[43] vgl. Werner, 2007, S. 47
[44] vgl. Werner, 2007, S. 49
[45] Werner, 2012, http://www.youtube.com/watch?v=lPnCMdn3SVc (Stand: 11.03.13)
[46] Ebenda
[47] Ebenda

gungslos sein. Es soll dem Menschen ein „Recht auf Leben"[48] garantieren. Werner spricht sogar von einem „verfassungsrechtlichen Anspruch"[49]. Es soll dem Menschen überhaupt erst den Rahmen schaffen, arbeiten zu können. Frei von Existenzsorgen, denn die wären durch das BGE ja nun nicht mehr vorhanden. Dieses „Recht auf Leben" hat jeder Mensch. Egal ob „Millionär oder Tellerwäscher"[50]. Hier ist auf den großen Unterschied zu der derzeitigen Grundversorgung, den Sozialleistungen, aufmerksam zu machen. Hartz IV bzw. ALG II bekommen Bedürftige, solche die **kein** oder **zu wenig** Einkommen haben, um davon leben zu können. Bei diesen Menschen entsteht oft das Gefühl der Nutzlosigkeit und Scham. Dazu kommt, dass die finanzielle Situation offengelegt werden muss. Es ist für viele eine Entwürdigung, bei der Arbeitsagentur um Geld zu „betteln". Mit dem BGE hätte jeder Mensch Anspruch auf ein Grundeinkommen. Es gäbe nicht mehr das Denken von: Ich „Versager", der kein Einkommen hat, bin auf die reiche „Gewinner-Gesellschaft" angewiesen[51]. „Die Leute bekommen (mit Hartz IV) nur Geld, wenn sie nichts tun bzw. kein Einkommen haben. Sie können ja trotzdem etwas tun, wie z.B. ehrenamtlich tätig werden. Aber das System setzt einen Anreiz, möglichst kein Einkommen zu beziehen. Das ist für mich fast der entscheidendste Unterschied zwischen Hartz IV und dem BGE."[52] Doch was verändert das BGE konkret? Am besten stellt man sich diese Frage selbst. Wie wäre es gewesen, wenn ich mit dem BGE auf die Welt gekommen wäre? Wenn meine Eltern das BGE gehabt hätten und meine Geschwister. Was hätte ich dann gemacht? Wäre ich das, was ich heute bin? Würde ich tun, was ich heute tue? Und was bedeutet es für die Zukunft? Welche Perspektiven eröffnen sich mir mit dem BGE? Schnell wird deutlich: Es gibt keine „Ausreden" mehr. Jeder Mensch wäre mit dem BGE eigenverantwortlich. Sätze wie „Ja, aber ... Wenn ich nicht aus einem so verarmten Elternhaus stammen würde" oder: „Wenn ich nicht von meinem Ehemann finanziell abhängig wäre ..." gelten nicht mehr[53]. „Niemand wäre mehr Opfer des Vorgesetzten, der Eltern oder der Verhältnisse"[54]. Das BGE schaffe eine Freiheit, selbst entscheiden zu können, was einem gut tue[55]. Jean-Jacques Rousseau drückte es wie folgt aus: „Die Freiheit des Menschen liegt nicht darin, dass er tun kann, was er will, sondern dass er nicht tun muss, was er nicht will."[56] Die Gesellschaft würde sich also wandeln vom

---

[48] Schmidt, Unbekannt, http://bge-interaktiv.de/19.html (Stand: 13.03.13)
[49] Werner, 2012, http://www.youtube.com/watch?v=lPnCMdn3SVc (Stand: 11.03.13)
[50] vgl. Schmidt, Unbekannt, http://bge-interaktiv.de/19.html (Stand: 13.03.13)
[51] Ebenda
[52] vgl. Manneschmidt, Unbekannt, http://bge-interaktiv.de/19.html (Stand: 13.03.13)
[53] vgl. Werner, 2012, http://www.youtube.com/watch?v=lPnCMdn3SVc (Stand: 11.03.13)
[54] Werner/Goehler, 2010, S. 262
[55] Ebenda
[56] Rousseau, Unbekannt, http://www.unternimm-die-zukunft.de/de/zum-grundeinkommen/leporello/ (Stand: 13.03.13)

„Sollen zum Wollen"[57]. „Die Menschen könnten darüber nachdenken, was sie frei von Angst tun *möchten*, welchen Beitrag sie leisten *wollen* und was sie schaffen *können* – statt nur das zu tun, zu dem sie aus Existenzangst gezwungen werden."[58]. Dies wird wahrscheinlich am Stärksten im derzeitigen Niedriglohnsektor auffallen. Menschen, die für extrem wenig Geld arbeiten müssen, um leben zu können oder um sich neben Sozialleistungen etwas dazuzuverdienen. Nun kommt natürlich die Frage auf, wer denn dann die Arbeit macht, die eigentlich keiner machen will? Als Arbeitgeber (sei es ein Unternehmen oder der Staat o.Ä.) hat man drei Möglichkeiten, damit eine notwendige Arbeit verrichtet wird: 1.) Man sucht jemanden, der dies tut, und entlohnt ihn dafür, 2.) man automatisiert diese Tätigkeit oder 3.) man verrichtet die Arbeit selbst[59]. Der Niedriglohnsektor wird dementsprechend wahrscheinlich schlicht und ergreifend besser bezahlt werden müssen, damit sich Menschen finden, die diese Tätigkeiten machen. Denn es ist unwahrscheinlich, dass jemand noch für 4 bis 5 Euro pro Stunde eine Arbeit macht, in der er keinen Sinn sieht oder die ihm keinen Spaß bereitet. Er hat nun das BGE, was ihn aus der Not befreit, es aus Existenzangst doch zu tun. Daniel Häni, Unternehmer und BGE-Befürworter, formuliert darüber hinaus: „Drecksarbeit" ist Arbeit, die man tut, wofür man nicht eine entsprechende Wertschätzung bekommt."[60] Natürlich könnte man auch über eine verstärkte Automatisierung dieser Tätigkeiten nachdenken. Es gibt aber auch noch die Arbeiten, in denen Menschen durchaus einen Sinn sehen, die aber trotzdem sehr schlecht bezahlt werden (Stichwort: Altenpflege). Auch hier würde sich das „Angebot-Nachfrage"-Gesetz wahrscheinlich relativ schnell bemerkbar machen.

Das große Dilemma, so Werner, ist doch, dass heutzutage der Arbeitsplatz mit dem Einkommensplatz verwechselt wird. Arbeit soll dem Menschen entsprechen, er soll darin einen Sinn sehen. Mit dem BGE könnte jeder arbeiten, worin er einen Sinn sieht, da ihm die Existenzangst genommen wäre. Der Wahlspruch der französischen Revolution „Freiheit, Gleichheit, Brüderlichkeit" wäre, so Werner, im BGE vereint. Die Freiheit, machen zu können, was ich will, und nicht machen zu müssen, was ich nicht will (Rousseau); die Gleichheit, dass *jeder* das BGE bekommt, und die Brüderlichkeit, indem wir anerkennen, dass jeder einen Anspruch auf das BGE hat, weil er ein Bruder / eine Schwester ist und er somit ein gleiches „Recht auf Leben" hat[61].

---

[57] Werner, 2012, http://www.youtube.com/watch?v=lPnCMdn3SVc (Stand: 11.03.13)
[58] Werner/Goehler, 2010, S. 262
[59] vgl. Werner, 2012, http://www.youtube.com/watch?v=lPnCMdn3SVc (Stand: 11.03.13)
[60] Häni, Unbekannt, http://bge-interaktiv.de/43.html (Stand: 13.03.13)
[61] vgl. Werner, 2012, http://www.youtube.com/watch?v=lPnCMdn3SVc (Stand: 13.03.13)

4.3. Finanzierung

Im Rahmen der Finanzierungsfrage hilft es vielleicht, sich zunächst Werners Finanzierungsgedanken zu vergegenwärtigen: „Es mag kühn klingen, aber: Finanziert ist das bedingungslose Grundeinkommen schon. Denn wir produzieren genügend Güter und Dienstleistungen. Von ihnen leben wir, nicht von Geld. Geld ist ein rechtliches Äquivalent zu den käuflichen Gütern und Dienstleistungen. Es ist kein Wert an sich. Geld ist nicht Gold. Mit den Gütern und Dienstleitungen entsteht das Geld, mit dem sie gekauft werden können. Dafür ist das Geld da. Es gibt so viel Geld, wie es käufliche Werte gibt. Sonst könnte man sie nicht kaufen."[62] Natürlich würde auch unser Steuersystem mit einer Einführung des BGEs schrittweise Umstellungen erfahren. Nach Werners Modell ist das Ziel aber ein eher unspektakuläres: „... eine ausschließliche Belastung des Konsums"[63]. Hier muss angemerkt werden, dass die Finanzierungsfrage nicht pauschal für das BGE beantwortet werden kann. Jedes Modell fokussiert eine andere Steuer, jeder Autor hat eine unterschiedliche Auffassung von Gerechtigkeit und kommt daher auch zu einem anderen Ergebnis, welche Steuern sozial gerecht sind und welche nicht. Für eine ausführliche Erläuterung des Finanzierungsmodells nach Werner bleibt an dieser Stelle kein Platz. Wichtig war mir, den philosophischen Ansatz und das dahinterstehende Menschenbild im Schwerpunkt zu thematisieren.

5. Fazit

„Der Mensch ist noch sehr wenig, wenn er warm wohnt und sich satt gegessen hat, aber er muss warm wohnen und satt zu essen haben, wenn sich die bessere Natur in ihm regen soll."[64] Dieses Zitat stammt von Friedrich Schiller. Ich halte es für eine richtige Feststellung. Wenn der Mensch einzig und allein Arbeit verrichtet, weil er sonst nicht existieren könnte, wird er zwar Arbeit leisten, aber sicherlich nicht von der gleichen Qualität, als wenn er dieser frei von Existenzangst nachgehen könnte und in ihr darüber hinaus auch noch einen Sinn sehen würde. Der gesellschaftliche Profit eines BGEs wäre enorm – und sicherlich in vielen Bereichen auch noch gar nicht zu erfassen. Wie viele junge Menschen würden studieren, was sie wollen, anstatt das, was ihnen ein möglichst sicheres Einkommen ermöglicht? Wie viele Mütter oder Väter würden endlich ihren Vollzeitjob anerkannt bekommen, wenn es um die Betreuung ihrer Kinder geht? Wie viele Menschen würden ihrer Kreativität freien Lauf lassen, unternehmerisch tätig wer-

---

[62] Unternimm die Zukunft, Unbekannt, http://www.unternimm-die-zukunft.de/de/zum-grundeinkommen/kurz-gefasst/ (Stand: 13.03.13)
[63] Werner, 2007, S. 168
[64] Schiller, Unbekannt, http://www.unternimm-die-zukunft.de/de/zum-grundeinkommen/leporello/ (Stand: 13.03.13)

den und die Gesellschaft dadurch bereichern? Das BGE soll einen Freiraum schaffen, in dem man menschenwürdig, aber bescheiden leben kann; und aus dem heraus man sich entwickeln und sinnvoll wie schöpferisch für andere tätig werden kann.

Während meiner Forschungsarbeit ist mir eines relativ schnell aufgefallen: Die Idee des BGEs muss man *denken* lernen. Unser heutiges Verständnis von Arbeit, Einkommen und Steuern ist für die Zeit der Selbstversorgungsgesellschaft logisch, jedoch nicht für den heutigen Zustand der fast ausschließlichen Fremdversorgung. Es wird ein Paradigmenwechsel stattfinden müssen. Und dieser wird nur erreicht, wenn die Idee im ständigen gesellschaftlichen und politischen Dialog gehalten wird. „Die Utopie von heute ist die Realität von morgen."[65] So Werner über das BGE. Früher hätte sich auch niemand träumen lassen, dass es einmal Flugzeuge geben wird, die durch die Luft fliegen. Wir haben heute Flugzeuge, weil es Menschen gab, die die Idee des Fliegens *denken* konnten. So verhält es sich auch mit dem BGE.

Ich wage die These aufzustellen, dass uns „die Gesellschaft um die Ohren fliegen wird."[66] Zu groß werden die Veränderungen hinsichtlich einer immer autonomeren Lebensgestaltung werden. Der demografische Wandel wird weiter zunehmen, die Ressourcen werden knapper werden und die Menschen werden nicht gleichmäßig profitieren. Durch Kinderarmut wird es die heranwachsende Generation nicht leichter haben, die Aufgaben der Zukunft zu bewältigen. Schon seit einigen Jahren wissen wir, dass die „Armen immer ärmer werden und die Reichen immer reicher". Ist es nicht wünschenswerter, dass alle Menschen in einer Gesellschaft in gleichen Anteilen von dieser profitieren, sie aber auch bereichern? „Die neue Ethik des Grundeinkommens lautet kurz und bündig: Du bekommst ein Grundeinkommen und hast damit die Möglichkeit, ja die Bringschuld, deine Talente in der Gesellschaft wirksam werden zu lassen. Zeig, was du kannst!"[67]

Ist das Bedingungslose Grundeinkommen nun also *„eine Chance für die deutsche Gesellschaft"*? Ich beantworte diese Frage abschließend mit ja. Natürlich vorausgesetzt, dass es nach und nach behutsam mit in die Gesellschaft einwächst.

---

[65] vgl. Werner, 2012, http://www.youtube.com/watch?v=lPnCMdn3SVc (Stand: 11.03.13)
[66] vgl. Werner, 2012, http://www.youtube.com/watch?v=lPnCMdn3SVc (Stand: 11.03.13)
[67] Werner, 2007, S. 12

Quellenverzeichnis

Literatur

Rätz, Werner/ Krampertz, Hardy, Bedingungsloses Grundeinkommen. Woher, wozu und wohin?, 1. Auflage, AG SPAK Bücher, Neu-Ulm 2011

Werner, Götz/ Goehler, Adrienne, 1000 Euro für jeden. Freiheit Gleichheit Grundeinkommen, Ullstein Buchverlage GmbH, Berlin 2010

Werner, Götz W., Einkommen für alle. Der dm-Chef über die Machbarkeit des bedingungslosen Grundeinkommens, 1. Auflage, Verlag Kiepenheuer & Witsch, Köln 2007

Werner, Götz W., Ein Grund für die Zukunft: das Grundeinkommen. Interviews und Reaktionen, 1. Auflage, Verlag Freies Geistesleben, Stuttgart 2006

Internetquellen

BGE Interaktiv (Hrsg.): Eine interaktive Dokumentation über das bedingungslose Grundeinkommen. Pfad: http://bge-interaktiv.de/alle.html (Stand: 14.03.13)

Deutscher Bundestag (Hrsg.): I. Die Grundrechte. Pfad: http://www.bundestag.de/bundestag/aufgaben/rechtsgrundlagen/grundgesetz/gg_01.html (Stand: 14.03.13)

Duden (Hrsg.): Arbeit, die. Datum unbekannt. Pfad: http://www.duden.de/rechtschreibung/Arbeit (Stand: 08.03.13)

Forum Piratenpartei (Hrsg.): Modelle für ein bedingungsloses Grundeinkommen. Pfad: https://forum.piratenpartei.de/viewtopic.php?f=152&t=12617 (Stand: 14.03.13)

Initiative Grundeinkommen Foehr (Hrsg.): Die Idee. Datum unbekannt. Pfad: http://www.initiative-grundeinkommen-foehr.de/definition.html (Stand: 08.03.13)

Unternimm die Zukunft (Hrsg.): Leporello. Pfad: http://www.unternimm-die-zukunft.de/leporello/ (Stand: 14.03.13)

Unternimm die Zukunft (Hrsg.): Wer ist Götz W. Werner? Pfad: http://www.unternimm-die-zukunft.de/de/goetz-werner/langer-text-goetz-w-werner/ (Stand: 14.03.13)

Unternimm die Zukunft (Hrsg.): Götz W. Werner. Pfad: http://www.unternimm-die-zukunft.de/de/goetz-werner/ (Stand: 14.03.13)

Unternimm die Zukunft (Hrsg.): Finanzierung. Pfad: http://www.unternimm-die-zukunft.de/de/zum-grundeinkommen/kurz-gefasst/ (Stand: 14.03.13)

Wikipedia (Hrsg.): Arbeit. Datum unbekannt. Pfad: http://de.wikipedia.org/wiki/Arbeit (Stand: 08.03.13)

Wikipedia (Hrsg.): Arbeit (Philosophie). Letztes Änderungsdatum: 05. Februar 2013. Pfad: http://de.wikipedia.org/wiki/Arbeit_(Philosophie) (Stand: 08.03.13)

Wikipedia (Hrsg.): Arbeit (Volkswirtschaftslehre). Letztes Änderungsdatum: 12. Oktober 2012. Pfad: http://de.wikipedia.org/wiki/Arbeit_(Volkswirtschaftslehre) (Stand: 08.03.13)

Wikipedia (Hrsg.): Bedingungsloses Grundeinkommen. Letztes Änderungsdatum: 11. März 2013. Pfad: http://de.wikipedia.org/wiki/Bedingungsloses_Grundeinkommen#20._Jahrhundert (Stand: 08.03.13)

Wikipedia (Hrsg.): Joseph Charlier. Letztes Änderungsdatum: 23. Februar 2011. Pfad: http://de.wikipedia.org/wiki/Joseph_Charlier (Stand: 14.03.13)

Wikipedia (Hrsg.): Milton Friedman. Letztes Änderungsdatum: 10. November 2012. Pfad: http://de.wikipedia.org/wiki/Milton_Friedman (Stand: 14.03.13)

Wikipedia (Hrsg.): Negative Einkommenssteuer. Letztes Änderungsdatum: 13. März 2013. Pfad: http://de.wikipedia.org/wiki/Negative_Einkommensteuer (Stand: 08.03.13)

Wikipedia (Hrsg.): Solidarisches Bürgergeld. Letztes Änderungsdatum: 03. März 2013. Pfad: http://de.wikipedia.org/wiki/Solidarisches_Bürgergeld (Stand: 14.03.13)

Wikipedia (Hrsg.): Thomas Morus. Letztes Änderungsdatum: 12. März 2013. Pfad: http://de.wikipedia.org/wiki/Arbeit_(Philosophie) (Stand: 14.03.13)

Wikipedia (Hrsg.): Thomas Paine. Letztes Änderungsdatum: 12. März 2013. Pfad: http://de.wikipedia.org/wiki/Thomas_Paine (Stand: 14.03.13)

Wikipedia (Hrsg.): Ulmer Modell. Letztes Änderungsdatum: 09. März 2013. Pfad: http://de.wikipedia.org/wiki/Ulmer_Modell (Stand: 14.03.13)

Youtube (Hrsg.): Vortrag Götz Werner Johannes Stüttgen Krefeld Waldorfschule 16 11 2012. Pfad: http://www.youtube.com/watch?v=lPnCMdn3SVc (Stand: 14.03.13)